Robert Barth

Guido de Columna

Robert Barth

Guido de Columna

ISBN/EAN: 9783337060848

Hergestellt in Europa, USA, Kanada, Australien, Japan

Cover: Foto ©ninafisch / pixelio.de

Weitere Bücher finden Sie auf **www.hansebooks.com**

GUIDO DE COLUMNA.

INAUGURALDISSERTATION

ZUR ERLANGUNG DER PHILOSOPHISCHEN DOCTORWÜRDE
AN DER UNIVERSITÄT LEIPZIG.

VON

ROBERT BARTH.

LEIPZIG,
DRUCK VON FERBER & SEYDEL.
1877.

Wie misslich es ist ohne genügende Documente über literarische Productionen der Vergangenheit ein Urtheil zu fällen, ist schon wiederholt zu Tage getreten und es ist nicht zum ersten Male so weit gekommen, dass eine endgiltige Entscheidung über entgegengesetzte Ansichten am Ende dem subjectiven Ermessen überlassen bleiben musste; denn auch die einfachsten und der Wahrscheinlichkeit am nächsten stehenden Lösungen werden dem strengen Kritiker immer genug Raum zur Skepsis darbieten, eben weil sie auf Hypothesen beruhen. Auf diesem Puncte scheint auch die Dares-Frage angekommen zu sein. Dass die Frage „ob die erhaltene Historia de excidio Trojae Originalwerk oder nur Auszug eines ausführlichen, ursprünglich Lateinisch respective Griechisch geschriebenen Werkes sei" für die Beurtheilung der zahlreichen mittelalterlichen Bearbeitungen der Trojasage von grosser Wichtigkeit ist, wurde sofort bei ihrer Anregung allseitig anerkannt und hat diesem Gegenstande ausserordentliche Aufmerksamkeit zugewendet. Dem Resultate der früheren, namentlich im vierten Jahrzehnte dieses Jahrhunderts eifrig betriebenen Untersuchungen der Frage, durch welches fast ausschliesslich die Existenz eines umfangreicheren Dares constatirt wurde, haben sich beinahe gleichzeitig die trefflichen Arbeiten Dungers und des französischen Gelehrten A. Joly gegenübergestellt, die beide entschieden für die Originalität des vorhandenen Dares-Textes eintreten zu können glaubten. Sie haben das Interesse für diesen Stoff von neuem erweckt, und namentlich hat in Deutschland die vielseitige An-

1*

erkennung, welche der vorzüglichen Abhandlung H. Dungers
über die Bearbeitungen der Trojasage im Mittelalter (Dresden
1869) zu Theil geworden ist, die Kritik von verschiedenen Seiten ins Feld gerufen. Die gegnerische Ansicht hat besonders
in der eingehenden und scharfsinnigen Schrift G. Körtings
(Dictys und Dares, Halle 1874) eine warme Vertheidigung gefunden und durch diese Stütze neuen Halt gewonnen; [1]) und
es ist kaum anzunehmen, dass abgesehen von der ziemlich aus-
sichtslosen Hoffnung auf das Auffinden des so wacker verthei-
digten wahren Dares jemals eine endgiltige Lösung dieses literarischen Streites herbeigeführt werde, da die Worte Teuffels
„von wenig Gewicht sind die Einwendungen G. Körtings" kaum
zu allgemeiner Anerkennung gelangen dürften.[2])

Immerhin wird es aber nicht nutzlos sein, die Stützpuncte
der beiden Ansichten einer Prüfung zu unterziehen und dieselben, wo sie noch nicht völlig feststehen, zu unerschütterlichen
Grundpfeilern zu machen, respective den Gegnern zu entziehen.
Hierher gehört die Historia destructionis Trojae des Guido de
Columna, aus der die einen, der früheren Meinung huldigend,
einen Beweis für die Existenz eines ausführlicheren Dares her-
leiten zu können glaubten, während Dunger nachzuweisen gesucht
hat, dass Guido nicht jenen sondern das Französische Gedicht
des Benoit de Sainte-More benutzt habe. Trotzdem nun letztere
Ansicht seitdem fast zur allgemeingiltigen geworden ist, dürfte
es doch nicht vergeblich sein, den Gegenstand einer sorgfältigen
Prüfung zu unterwerfen, da einerseits Dunger selbst darauf hin-
weist, dass das von ihm gewonnene Resultat aus Mangel an
einem vollständigen Texte des Roman de Troie nicht ausführlich begründet werden konnte, andrerseits aber Körting hervor-
hebt, dass früher von hervorragenden Gelehrten scheinbar wol-
begründete Ansichten ausgesprochen worden sind, die mit der

---

1) Weitere Einwendungen sind in der 1875 zu Breslau erschienenen
Dissertation von R. Jäckel (Dares Phrygius und Benoit de Sainte-More)
aufgestellt. — Der zweite Theil dieser Abhandlung bedarf ohne Zweifel
noch sehr der von G Körting in Aussicht gestellten eingehenden Behandlung.

2) S. Teuffel: Geschichte der römischen Literatur. **Leipzig 1875.**
471, A. 1.

jetzt cursirenden geradezu in Widerspruch stehen, von Dunger aber ohne Berücksichtigung gelassen wurden.

An der Hand des nunmehr vollständig vorliegenden Materials hoffe ich ein ausführliches und klares Bild von der Arbeit des Guido und einen genauen Nachweis der von ihm benutzten Quellen geben zu können, und somit einen zwar indirecten aber positiven Beitrag zur Dares-Frage zu liefern.

Da diese Quellenuntersuchung Veranlassung gab auf das Leben des Guido einen Blick zu werfen, so schien es passend, hier den Versuch einer biographischen Skizze des Dichters, soweit dieselbe bei dem äusserst spärlich vorhandenen Material überhaupt möglich ist, vorauszuschicken.

Zur Zeit als die Hohenstaufen triumphirend Italien durchzogen und sich für längere Zeit im Königreiche beider Sicilien festsetzten, lässt sich der erste erfolgreiche Anlauf auf dem Gebiete der Italienischen Nationalliteratur erkennen. So verhasst auch im allgemeinen das Regiment der Deutschen den meisten Italienern war, so konnten sie doch einzelnen Persönlichkeiten ihre Achtung, ja Liebe nicht versagen. Namentlich war es Barbarossas grosser Enkel Friedrich II., der es verstand, die Gebildeten der verschiedensten Nationen an seinen ritterlichen Hof zu ziehen; und es ist bekannt, mit welchem Glück derselbe für die materielle und geistige Hebung seines Lieblingslandes sorgte.[1]) Vielleicht geschah es nicht ohne politische Rücksicht, dass dieser Kaiser in seinen Minneliedern der kaum entwickelten und bis dahin nur wenig cultivirten Italienischen Nationalsprache den Vorzug gegeben hat vor der damals auch in ganz Italien heimischen Sprache der Provençalischen Troubadours. Das Beispiel des hochgebildeten Kaisers und seiner Söhne[2]), sowie seines berühmten Kanzlers Peter von Vinea blieb nicht ohne Nachahmung. Hinfort wurde nicht nur wie an den Höfen andrer Italienischer Fürsten in der der Courtoisie geweihten Sprache der Provençalen die Minne besungen, sondern es bildete sich am Hohenstaufischen

---

1) Vergl. Raumers Geschichte der Hohenstaufen. Nannucci: Manuale della letteratura del primo secolo della lingua italiana. I, 9. Firenze 1843.

2) Mehrere Gedichte des kaiserlichen Hauses sind veröffentlicht: Italienische Lieder des Hohenstaufischen Hofes in Sicilien. Stuttgart 1843.

6

Hofe zu Sicilien eine förmliche Schule aus, deren Glieder sich der Volkssprache zum Ausdrucke ihrer Gefühle bedienten. Es konnte ja auch nicht anders sein, als dass die Italienischen Ritter in heimatlichen Tönen zu den Damen ihres Herzens redeten, da dieselben doch kaum die bis dahin gebräuchliche Sprache der Dichtung, das Lateinische, oder das Provençalische hätten verstehen können.

Unter den ersten dieser Sicilischen Troubadours wird Guido de Columna nicht ohne Auszeichnung genannt. Derselbe wurde zu Anfang des 13. Jahrhunderts in Messina geboren. Er stammte aus dem edlen Hause der Colonna, welches auch in Sicilien durch angesehene Zweige vertreten war*). Dass Guido in seiner Jugend ernstlichen und ziemlich umfassenden Studien obgelegen habe, beweist nicht nur das ihm später in seiner Vaterstadt anvertraute Richteramt, sondern mehr noch die grosse in seinen Schriften fort und fort zu Tage tretende Vertrautheit mit der Literatur. (Vergl. Anm. p. 16 und p. 21) Jung schon mag Guido sammt seinem Bruder Odo an den Hof Kaiser Friedrichs gekommen sein, dessen glänzendes und, wie schon angedeutet, auch nach poetischer Seite hin reich entfaltetes Leben wol dazu angethan war, geistig begabte Männer zu fesseln und zu literarischem Schaffen anzuregen. Hier entstanden jene Minnelieder, welche ganz im Gegensatz zu den weiberfeindlichen Stellen der Historia destructionis Trojae Zeugniss abgeben von einer warmen Liebe und wahren Verehrung für das später so bitter geschmähte Geschlecht. Wenn sich aus den 6 erhaltenen Liedern auch keine näheren Beziehungen über Guidos Jugendzeit gewinnen lassen, so ist aus ihnen doch zu erkennen, dass ihr Verfasser einst in ganz andrer Weise den Frauen gegenübertrat als es nach seinen

---

*) Tiraboschi sagt zwar in seiner Storia della lett. italiana Tom. IV, 326: L'Oudin sospetta ch'ei fosse oriondo della nobile e antica famiglia Colonna si illustre a Roma; ma confessa egli stesso che non ve n'ha alcuna pruova.... und p. 409 weist er das Verwandtschaftsverhältniss zwischen Guido und Odo zurück; allein gegen seine Behauptungen ist anzuführen, dass das Haus der Colonna durch die Enkel Peters XI. de Colonna auch in Sicilien heimisch geworden war, und dass Odo und Guido nicht nur zur Zeit Friedrichs II. lebten, sondern auch ihren Ursprung gemeinsam von Messina herleiteten.

oft zu gehässigen Aeusserungen in dem Lateinischen Romane
scheinen könnte.[1]) Leider ist es nicht möglich, den Lebenslauf
Guidos so zu verfolgen, dass dieser Umschwung in seinen Ge-
fühlen genügend erklärt werden könnte; nur soviel scheint als
gewiss angenommen werden zu können, dass sich auch an ihm
jenes Wort bewahrheitete, welches sagt, dass der am härtesten
die Frauen verurtheile, der sie am meisten geliebt.[2]) Dass
übrigens Guidos lyrische Gedichte nicht ohne poetischen Werth
seien, haben schon früher hervorragende Männer, vor allen der
erhabene Dante in seinem Werk De vulgari eloquentia und
Muratori, würdigend anerkannt. Darzulegen welchen Grad von
Selbstständigkeit Guido in diesen Liedern zeigt, oder in welchem
Abhängigkeitsverhältnisse auch er zu den Provençalen steht,
muss einer speciellen Untersuchung überlassen bleiben, in der
sowol das Verhältniss der Troubadours Italiens zu den Provençalischen einer Prüfung unterzogen würde, als auch der Sicilia-
nischen Schule ihr Standpunct in der Italienischen Literatur
anzuweisen wäre. Es wird dies jedoch, wie Trucchi richtig be-

1) Drei dieser Lieder des Guido finden sich bei Nannucci, l. c. 117;
die übrigen in dem 1816 zu Florenz erschienenen Werke Poeti del primo
secolo della lingua italiana und in dem p. 5 Anm. 2) cit. Büchlein.

2) Da hier die von Dunger (l. c. 62) gebrachte Stelle als bekannt
vorausgesetzt werden darf, unterlasse ich es weitere Beispiele der gehässigen und meist trivialen Ausfälle Guidos auf das weibliche Geschlecht
anzuführen; sie sind wenig fein und selten so massvoll gehalten, wie
der von Dunger citirte; es hat diese Manie den Guido für manche schöne
poetische Stelle seiner Vorlage blind gemacht. Meines Erachtens ist
der herbe und schroffe Ton dieser moralisirenden Excurse sowol auf
Rechnung von Guidos hohem Alter, dem genug bittre Erfahrungen vorausgegangen sein mögen, als auf die Beeinflussung von Seiten des Bi-
schofs Matthaeus de Porta zu setzen. — Es sei noch bemerkt, dass auch
Benoît nicht ohne einen entsprechenden Zug ist, wenn er z. B. beim
Abschiede der Briseida vom Troilus über die weibliche Treue reflectirt:
13445.

Salemons dist en son escrit,
Cil qui tant ot sage esperit,
Qui fort feme porreit trover
Le Criator devreit loer.
Auch vergl. man Bocc. Fil. Parte ottava XXIX—XXXIII.

merkt,· erst dann möglich sein, wenn die Lieder jener in grösserer Vollständigkeit als bisher veröffentlicht sind.[1])

Ueber das spätere Leben Guidos, über seine Geschicke nach dem jähen Sturze der Hohenstaufischen Herrschaft ist nichts bekannt; erst vom Jahre 1272 lässt sich der Faden dieser Biographie wieder· anknüpfen. Guido berichtet nämlich im Epiloge des Werkes, dem er fast ausschliesslich seine einstige Berühmtheit zu· verdanken hatte, dass er von seinem Freunde Matthaeus de Porta, dem Erzbischof von Salerno, zu der Abfassung der Historia destructionis Trojae veranlasst worden sei.[2]) Jedoch sein Freund starb, als kaum das erste Buch des Werkes vollendet war, und Guido lässt, gleichsam durch diesen Umstand bewogen, das eben begonnene als Bruchstück liegen. Die Abfassung des ersten Buches nun muss vor 1272 beendet gewesen sein, da in diesem Jahre jener Kirchenfürst von Salern gestorben ist;[3]) und erst 15 Jahre später schrieb Guido: „Consideravi tamen defectum magnorum auctorum scilicet Vergilii et Ovidii et Homeri qui in exprimenda veritate Trojani casus nimis defecerunt, — quamvis eorum opera contexuerint sive secundum apologos in stilo nimium glorioso et specialiter ille summus poetarum Vergilius quem nihil latuit — ne ejus veritas incognita remaneret ad praesentis operis perfectionem efficaciter et fideliter laboravi." Es muss dieser Umstand auffällig· erscheinen, wenn man wie Tiraboschi, freilich ohne irgend eine Begründung (l. c.), ein Factum aus Guidos Leben streicht, seinen Aufenthalt in Frankreich und England. Als nämlich Englands junger König, Eduard I., am Anfange des Jahres 1273 von seinem verunglückten Kreuzzuge zurückkehrend Sicilien besuchte, wurde Guido an den Hof dieses Fürsten gezogen. Er begleitete

---

1) F. Trucchi: Poesie italiane inedite di dugento autori dall' origine della lingua infino al secolo decimosettino. I, p. XXV. Prato 1846.

2) Licet longe ad instantiam domini Matthaei de Porta venerabilis Salernitani archiepiscopi magnae scientiae viri de praesenti opere composuerim primum librum et non plus; nam ipso postmodum sublato de medio, qui condendi a me praesens opus mihi erat stimulus et instinctus, ab ipsius operis persecutione cessavi, cum non esset, cui hoc placere merito potuissem.

3) Tiraboschi; l. c. Tom. IV, 327.

denselben auch auf einem längeren Zuge durch Frankreich,. wo
sich der neugekrönte König von seinen Vasallen huldigen liess,
und ging von da mit ihm nach England.[1] Dort ist er offenbar zu seinen geschichtlichen Werken über England und dessen
Könige angeregt worden.[2] Wenn nun Guido auch 1276 in die
Heimat zurückkehrte, um das ihm in diesem Jahre übertragene
Richteramt zu Messina anzutreten, so lagen ihm jetzt doch die
neu begonnenen Werke näher als die vor Jahren unterbrochene
Arbeit, und erst, nachdem er die auf der Reise gesammelten
Materialien in den erwähnten Werken niedergelegt hatte, mochte
er sich in den Mussestunden seines Alters der Historia destructionis Trojae erinnern. Da hat er dann in der kurzen Zeit von
3 Monaten sein Werk vollendet, nicht zum Vortheile desselben,
wie er selbst gesteht: Et ego historiam ipsam ornassem dicta-
mine pulchriori per ampliores metaphoras et colores et per
transgressiones occurrentes, quae ipsius dictaminis sunt picturae;
sed territus ex magnitudine operis, ne dum occasione magis
ornati dictaminis ipsum longa narratione protraherem tempore
longiori, infra cujus temporis longitudinem aliqua mihi super-
venissent incommoda prout est fragilitatis humanae, propter
quod cessassem ab opere et opus ipsum suum non pervenisset
ad finem, utpote sui carens beneficio complementi in tantum
institi spiritus sancti gratia ministrante, quod infra tres menses
a quinta decima videlicet mensis Septembris primae inditionis
usque ad vicesimam quintam mensis Novembris proximae sub-
sequentis opus ipsum per me perfectum extitit et completum.
Factum est praesens opus a judice Guidone-de Messana anno
dominicae incarnationis millesimo ducentesimo octuagesimo sep-
timo ejusdem primae inditionis.

Da über die weiteren Schicksale Guidos, seine amtliche
Thätigkeit und seinen Tod, der vielleicht bald nach 1287 an-

---

1) Ruth; Geschichte der italienischen Poesie. I, 331. Leipzig 1844.
— Nannucci; l. c. — Notices et extraits des manuscrits de la bibliothèque
du roi. II, 231. Paris 1789. — Vossius; De hist. Latinis. II, 491.

2) De rebus et regibus Anglorum. Citirt von Nannucci, l. c.; Mon-
gitore; Bibl. siciliana I, 265 und Vossius, l. c. Weder von diesen noch
von dem bei Vossius ausserdem angeführten Chronicum magnum ist bis
jetzt eine Spur aufgefunden worden.

zusetzen ist, keinerlei Nachricht vorhanden ist, kann ich, diese kurze Charakteristik schliessend, zu dem eigentlichen Thema dieser Arbeit übergehen. Ehe ich aber die Untersuchung über Guidos Quellen für die Historia destr. Trojae beginne und versuche den bisher geäusserten Vermuthungen und Behauptungen ein auf sorgfältiger Prüfung fussendes Resultat anzuschliessen, erscheint es nothwendig einen Blick auf die vor Guidos Werk erschienenen Bearbeitungen der Trojasage zu werfen.

Abgesehen von den classischen Productionen, welche das Geschick Trojas dargestellt haben, gab es, wie bekannt, schon vor Guido de Columna verschiedene Autoren, die jenen Stoff mehr oder minder ausführlich behandelten. Hier genügt es, dieselben kurz zu erwähnen, da sie ja in Dungers Arbeit eingehend besprochen sind. Aus den ersten Jahrhunderten n. Ch. stammen die drei Werke, aus denen das Mittelalter vorzüglich seine Kenntniss der Geschichte Trojas schöpfte: Dictyis Cretensis ephemeris belli Trojani;[1]) Daretis Phrygii de excidio Trojae historia,[2]) und die Epitome Iliados Homeri, als deren Verfasser Pindarus Thebanus[3]) genannt wird. Für lange Zeit verschwand seitdem dieser Stoff aus der Literatur; im Heimatlande der Sage mochte dieselbe sich überlebt haben, und dort, wo sie später in neuem Glanze auferstehen sollte, hatten der Völkerwanderung Stürme die Musen des Friedens noch kein Asyl finden lassen; dort mussten erst die Apostel des Glaubens zugleich mit der neuen Gotteslehre den Sinn für Kunst und Wissenschaft erwecken. In den von gelehrten Geistlichen gegründeten Heimstätten der Wissenschaft wurde das Interesse für das Alterthum sorgsam gepflegt; und wenn auch die Veranlassung zu dem eifrigen Studium gewisser Schriften der Griechen und Römer für die Meisten eine ganz äusserliche, nur kirchlichen Zwecken dienende war, so fanden sich doch auch Männer, denen die Muse vergönnte, die alten Geistesheroen mit dichterischem Geiste zu erfassen. Zaghaft freilich, dem ersten kindlichen Gehversuche vergleichbar, treten die antike Stoffe behandelnden Carmina des

---

1) H. Dunger; l. c. p. 7.
2) H. Dunger; l. c. p. 18.
3) H. Dunger; l. c. p. 19.

11. Jahrhunderts auf;[1]) doch legen sie immerhin Zeugniss ab von einem neuen Geiste, der mit wahrhaft dichterischem Interesse das Studium der Alten pflegte. Der Stoff wurde durchaus dem Vergil entlehnt, dessen Ansehen im Mittelalter ja am frühesten allgemein war. Um die Mitte des 12. Jahrhunderts verfasste der Abt von S. Victor, Simon capra aurea, eine Ilias in zwei Büchern,[2]) und in dieselbe Zeit fällt die Blütheperiode des Benoît de Sainte-More,[3]) dessen Roman de Troye zum ersten Male Kenntniss von den drei zu Anfang genannten Werken aufweist. Von nun an keimt und sprosst es allerorts, und die Sage vom Trojanischen Kriege treibt Knospen und Blüthen, die sich noch in später Zeit zu herrlichen Früchten entfalten sollten.. Interessant ist es zu sehen, wie kurze Zeit nach Benoît in England derselbe Stoff nach den nämlichen Quellen bearbeitet wurde und wie verschieden doch beide Werke ausgefallen sind. Während das Französische Gedicht im Lande der Chansons de geste und Artussagen, unter dem Einflusse der damals auch in Nordfrankreich herrschenden Courtoisie der Troubadours geboren wurde und sich frisch in ritterlichem Gewande jenen älteren Geschwistern würdig zur Seite stellte, dichtete Josephus Iscanus,[4]) versenkt in ernstes Studium der Römischen Classiker, in einsamer Mönchszelle seine mythenreichen sechs Bücher De bello Trojano. In dieselbe Kategorie wie des Josephus Gedicht gehört auch das Werk eines Deutschen Geistlichen, der Troilus des Albertus Stadensis.[5]) Als letzter Vorgänger Guidos ist noch Herbort von Fritslâr zu nennen, der sich bei seiner Arbeit schon genau an Benoît anschliesst.[6]) So wie dieser Deutsche sein Liet von Troye im Auftrage des kunstliebenden Herzogs Hermann von Thüringen aus dem Französischen übertrug, so hat auch Guido de Columna nach seinen oben citirten Worten die Historia destructionis Trojae auf Veranlassung eines Mäcen ver-

---

1) H. Dunger; l. c. p. 21.
2) H. Dunger; l. c. p. 21.
3) H. Dunger; l. c. p. 30.
4) H. Dunger; l. c. p. 23.
5) H. Dunger; l. c. p. 26.
6) K. Frommann; Herbort von Fritslâr. Quedlinburg 1837 und ders. in Pfeiffers Germania II. — H. Dunger, l. c. 40.

fasst. Es fragt sich nun, welches Material ihm von dem Mat-
thaeus· de Porta an die Hand gegeben wurde und in welcher
Weise er dasselbe benutzt hat?

Die Meinungen über Guidos Vorlage, welche vor der so
manchen Zweifel lösenden Schrift Dungers cursirten, bilden zwei
Gruppen, die wol aus einander gehalten werden müssen, wenn
sie auch übereinstimmen in der Annahme, dass der Historia
Guidonis ein andrer als der überlieferte Dares-Text zu Grunde
gelegen habe.[1])

Denn die einen behaupteten, gestützt auf Guidos eigene
Angabe, dass derselbe das Originalwerk des Dares gekannt· und
benutzt habe, während die andren wenigstens einen ausführlicheren als den schon erwähnten Dares-Text für Guidos Quelle
hielten.

Zu denen, welche dem Guido die Benutzung eines Griechi-
schen Musters zuschreiben, gehört neben anderen[2]) vor allen
A. Pey, der seine Ansicht folgendermassen begründet:[3]) Ce
Guido Columna dont nous parlions tout-à-l'heure, ce juge de
Messine qui écrivit en 1287 une histoire de la Destruction de
Troie s'exprime à cet égard d'une manière assez catégorique:
Quanquam autem hos libellos quidam Romanus, Cornelius nomine, Sallustii magni nepos, in latinam linguam transferre cura-
verit, tamen dum laboraret nimium esse brevis, particularia
historiae ipsius indecenter omisit; et ailleurs: In hoc loco praesenti operi finem fecit, sicut et Cornelius, reliqua ergo sunt de
libro Ditis. Il avait donc entre les mains le texte original et
la traduction latine du faux Cornelius, puisqu'il les distingue et
qu'il les compare. Son temoignage est formel . . . . Allein
diese Annahme ist, ohne auch nur auf die problematische Frage
nach der Existenz eines Griechischen Dares-Textes einzugehen,
durch eine nähere Betrachtung von Guidos Werk entschieden
als irrthümlich nachzuweisen.

Auf keinen Fall kannte Guido den an derselben Stelle

1) F. Meister; Daretis Phrygii de excidio Trojae historia. Lipsiae 1873.
2) Tiraboschi; l. c. — Nannucci; l. c. — A. Dederich; Dictis Cretensis, p. 21. Bonnae 1833.
3) A. Eberts Jahrb. für romanische und englische Literatur. I, 228.

citirten Dictys; das zeigt sich sogleich in der vorsichtigen und
doch gänzlich missglückten Weise, in der er das Werk desselben
anführt. Während sich der Name des Dares häufig vorfindet,
der als untrüglicher Gewährsmann angerufen wird, benutzt Guido
des Dictys Namen nur recht flüchtig im Prologe und Epiloge
seines Romans. Nachdem er die gänzliche Unzuverlässigkeit
der classischen Dichter — er nennt ausser Homer auch Ovid
und Vergil — in der bekannten Weise begründet hat, verspricht
er „ea quae per Dictyn Graecum et Phrygium Daretem, qui
tempore Trojani belli continue in eorum exercitibus fuere prae-
sentes et horum quae videre fuerunt fidelissimi relatores in
praesentem libellum per me judicem Guidonem de Columna de
Messana transsumpta legentur, prout in duobus libris eorum
inscriptum quasi una vocis consonantia inventum est Athenis."
Welcher Beweis könnte wol evidenter dargelegt werden als der,
dass Guido die Ephemeris des Dictys nicht kannte? Auch abgesehen davon, dass er den Fundort beider Werke nach Athen
verlegt, beide von Cornelius übersetzt sein lässt, so zeugen schon
die Worte „quasi una vocis consonantia" sehr deutlich dafür,
dass er zum mindesten eins der beiden Bücher, die ja gerade
von einander entgegengesetzten Gesichtspuncten aus verfasst
wurden, nicht gekannt hat. Da nun in dem ganzen Werke
Guidos keine Spur vorhanden ist, welche nothwendiger Weise
die Benutzung des Dictys voraussetzte, vielmehr alle merklichen
Eigenthümlichkeiten des Verfassers der Ephemeris unberück-
sichtigt gelassen sind, — auszunehmen wären nur die Berichte
von den Nosten der Helden, wenn diesen nicht die gleich zu
erwähnende Quelle zu Grunde läge, — so sind auch die Worte
des Epilogs „reliqua vero sunt de libro Dictyis ipsius usque ad
finem, qui integre voluit facere opus suum" als eine Phrase zu
betrachten, durch die gläubige Leser irre geführt wurden. Guido
kannte den Inhalt der Ephemeris, soweit er über Dares hinaus-
geht, sicher nur aus Benoît de Sainte-More, der in den Versen
24292—24328 den Dictys als seine neue Quelle einführt.*)

*) Benoît. 24292.
Mès or orreiz en quel manière
En fu la fins; et quellement
Avint lo grant destruiment,

Qui cil firent qui 'l porchacièrent
Et coment il en espleitièrent,
Toz lor diz et lor parlement,
Et tot lor grant decevement.

Bezüglich des Griechischen Dares stützt sich A. Pey auf die Klage des Guido „Cornelius particularia historiae ipsius indecenter omisit" und auf die Worte des Epilogs „In hoc loco Dares praesenti operi finem fecit sicut et Cornelius" und glaubt aus diesen Stellen folgern zu müssen, dass jener nicht nur la traduction latine du faux Cornelius sondern auch le texte original in den Händen gehabt habe, nach dem er seinen Roman vervollständigte.

Der zweite Grund verliert alles Gewicht, wenn man berücksichtigt, dass Guido aus den oben citirten Worten des Benoît sehr wol schliessen konnte, Dares habe nach der Erzählung von Trojas Untergang abgebrochen. Was aber Guidos Klage über die Unvollständigkeit des Cornelius betrifft, so ist dieselbe ganz unbegreiflich, wenn man liest, welche Ergänzungen er aus Dares geschöpft haben will. Am Schlusse seines Prologes heisst es nämlich: Sic ergo successive describitur in ipsa (historia), quot et qui reges et qui duces Graecorum armata manu et quot navibus se in praedictum exercitum contulerunt, quibus armorum insigniis usi sunt; qui reges et duces in Trojanae urbis defensionem advenerunt; quanto tempore fuerit pertractata victoria, quotiens bellatum extitit et quo anno quis in bello ceciderit, cujus ictu, de quibus omnibus pro majori parte Cornelius nihil dixit! — Als ob nicht gerade dies in breitester Ausführlichkeit bei Cornelius zu finden wäre. Allerdings hat Guido eine ziem-

---

Si com Ditis le dit *et Daire,*
Le me porrez oïr retraire.
Riches chevaliers fu Dithis
Et riches clers et bien apris,
Escientos de grant memoire,
Come Daires escrit s'estoire;
Cist fu de fors, en l'ost Grezeis,
Chevaliers sages et corteis.
Les ovres, si com il les sot,
Mist en escrit com il mielz pot.
Icist Dithis nos fut certains
Saveir lequel des citaains
Porparlèrent la traïson,
Et come le Palladion
Fu del tenple Minerve enblez,

Et as Grezeis de fors livrez,
Et coment par seduction
De nuit sesirent Ylion,
Com la citez fu enbrasée,
A feu et à flanbe livrée,
Li quel furent mort et ocis,
Et liquel d'els mené chaitis.
Enprès iço porrez oïr
Com Ditis les fait revertir
En lor contrées dont il vindrent,
Et les merveilles qui avindrent
As plosors d'els et les dolors;
Tot ço que conte li auctors,
En rétrairai sanz demorer:
Desore i fait buen escolter.

liche Anzahl von Detailschilderungen, die in der erhaltenen
Historia Daretis nicht stehen, die dafür aber um so deutlicher
das Gepräge ihrer Französischen Abstammung zur Schau tragen.*)
Dass aber die langen Episoden, welche er in seinen Roman aufgenommen, — besonders die vollständige Erzählung der Argo-
nautenfahrt und die Liebesgeschichte der Briseida — im Cor-

---

*) Wenige von den zahlreichen Beispielen mögen als Beleg dienen:
Dem von Nestor hart bedrängten Laomedon kommt

„quidam adolescens miles nomine B. 2493. Un Troïen, Cedar ot non,
Cedar, qui eodem anno factus ex-   Jonc, sanz barbe et sanz grenon,
titerat novus miles"   Unquor n'esteit li anz passez,
                                Qu'il avoit esté adoubez.

zu Hilfe.
    Zwischen Castor und Cedar wirft sich

„quidam Trojanus Securidan no- B. 2537. Un Troïen li corut sore
mine, eidem Cedar linea consan-   Por lui damagier eneslore,
guinitatis astrictus."   Seguradan avoit à non....
                            Il et Cedar furent cosin.

    Ebenso erzählt Guido genau nach Benoît die Befreiung des Castor
durch Pollux, welcher

„in quendam Trojanorum Heli- B. 2609. Pollus lor i fist grant damage,
achim nomine, quem ante se pri- Qui le filz lo rei de Carthage
mum invenit, se viribus totis inje- Lor a ocis en cel estor.
cit; erat autem hic Heliachim filius Niès fu lo rei, de sa seror;
regis Carthaginis, nepos Laome- Jones esteit, de poi d'aage,
dontis regis ex sua sorore primo- Mes biau vallès esteit et sage.
genitus.   Eliachim fu apelez,
                            Assez fu plaint et regretez.

    Zuletzt sei noch der Bote erwähnt, welcher dem Laomedon die
Schreckensnachricht von der bereits erfolgten Einnahme Trojas bringt.
Guido nennt ihn „quendam ex Trojanis nomine Dotes letaliter vulner-
atum; B. 2653.

              Daires ot non de Salamine,
              Parant prochain ert la reïne.
              Parmi lo cors ot une plaie,
               Qui de la mort forment l'esmaie.

    Guido hat hier, was er auch sonst gern thut, Benoît bezüglich des
Namens corrigirt, aber sicher nicht nach einem ausführlicheren Dares,
da er sonst nicht unterlassen hätte, sich auf dessen Autorität zu berufen.
Auch glaube ich nicht, dass — wie Körting anzunehmen geneigt ist —
der hier von Benoît genannte Dares mit dem Autor der Historia identisch
sei, da derselbe in diesem Falle seine Theilnahme am ersten Kriege
sicher nicht verschwiegen hätte.

nelius nicht enthalten sind und wahrscheinlich auch in einem
ausführlicheren Dares gefehlt haben,[1]) scheint Guido nicht zu
wissen. Dies dürfte vielleicht zu der Annahme führen, dass
Guido gar keinen, nicht einmal den erhaltenen Dares benutzte;
bevor ich jedoch dafür einige weitere Belege anführe, soll die
Frage bezüglich der Griechischen Vorlage zum Abschluss gebracht werden. Was. nöthigt überhaupt zur Annahme eines
Griechischen Dares für Guido? Etwa die häufigen Citate, in
denen sich der Verfasser auf das Griechische Buch beruft? Es
ist nicht eins vorhanden, welches nicht durch eine genau ent-
sprechende Stelle als aus Benoît entnommen nachgewiesen werden
könnte! Oder sind es die stofflichen Erweiterungen, die so manich-
fach über die erhaltene Schrift des Dares hinausgehen? Keine
einzige lässt sich auffinden, deren Muster nicht bei Benoît zu
suchen wäre, es sei denn, dass Guido selbst auf eine andere
Quelle verweist.[2]) Die einzige Stelle aber, die einen schwachen
Anhaltepunkt für Guidos Kenntniss der Griechischen Sprache

1) Wie könnte Cornelius sonst auf ein besonderes Buch für den
Argonautenzug verweisen, wenn derselbe in seinem Originale dargestellt
gewesen wäre!

2) Aus Vergil, welchen er wie schon gezeigt sehr hoch schätzt,
schöpft er seine Nachrichten über Aeneas; unterlässt dabei aber nie,
seine Quelle zu nennen. Daher kommt es, dass er nicht die Andromache,
wie Benoît und Dares, als des Priamus Tochter nennt, sondern die
Eleusa (= Creusa). Am Schlusse seines Werkes räth er ausdrücklich
die Aeneis zu lesen. Einmal hat er sich auch ein gründliches Missverständniss seines Autors zu Schulden kommen lassen: Jason empfängt
von Medea einen Ring, in den ein zauberkräftiger Achat gefasst ist, der
seinen Träger unsichtbar machen kann; diesen, meint nun Guido, habe
Aeneas besessen, denn I, 312 sage Vergil.
.... ipse uno graditur comitatus Achate.
Auch den Ovid, den „fabulosum Sulmonensem", benutzt er trotz der
zur Schau getragenen Geringschätzung sehr gern. Da er aus diesem,
Met. VII, die Myrmidonen als Bewohner Thessaliens kennt, macht er den
Peleus, den Vater des die Myrmidonen beherrschenden Achill, zum König
dieses Landes und versetzt ihn nicht wie Benoît in die Peloponnes.
Ausserdem citirt er Met. II, als er über die Bedeutung der Sternbilder
für die Schiffahrt spricht; Met. VII in der Erzählung von den Künsten
der Medea; Met. XV bei Nennung des Euphorbus, des Vaters von Per-
theus (B. und D. Panthus) und schliesslich die Ep. Oenones, aus der er
das Verhältniss der Helena zum Theseus kannte.

liefern könnte, in der sich nämlich 2 Griechische Wörter finden, ist folgende: .... et dicta est Delos pro eo quod sedato diluvio ante omnes terras radiis solis primum illuminata est et luna ibi visa. Dicta enim Delos quasi manifestatio, nam *delon* Graece manifestum dicitur Latine; et quia ab insula primo fuerint inspecta sol et luna ideo gentiles dicere voluerunt hanc insulam fuisse patriam solis et lunae et ideo deos in ea fuisse natos, cum Apollo dicatur sol et luna dicatur Diana. Ipsa etiam dicta est et Ortigia eo quod ibi primum natae sunt coturnices, quas Gaeci *ortigias* (sic!) vocant. Aber dieser ganze Passus ist ohne jegliche Beweiskraft, da er wörtlich dem etymologischen Werke des Isidor Hispalensis (Lib. XIV, c. 6) entlehnt ist.

Schliesslich kann ich noch den schon von Dunger gebrachten Einwand wiederholen, dass nämlich Guido die letzten Zeilen des erhaltenen Dares-Textes am Ende seines Buches wörtlich anführt, dieselben aber nicht in der Uebersetzung des Cornelius sondern im Dares selbst gefunden zu haben vorgibt.

Wenn somit die Existenz eines Griechischen Dares für Guido hinlänglich in Abrede gestellt sein dürfte, so fällt es nicht schwer, ein gleiches Resultat für den ausführlicheren Lateinischen zu constatiren. Citate und Erweiterungen — namentlich die schon erwähnten Episoden von Medea und Briseida, sowie die sehr flüchtig gearbeiteten Schlusscapitel, in denen die Heimkehr der Griechischen und die Irrfahrten der Trojanischen Helden geschildert werden, — stimmen völlig mit Benoîts Gedicht überein (Vergl. unten.) Was bleibt also übrig, um für Guido einen andren Dares als den überlieferten wahrscheinlich zu machen? — Auch die Möglichkeit, dass beide aus der nämlichen Quelle geschöpft, kann, wenn man beide Werke mit einander verglichen hat, nicht länger angenommen werden: Die Uebereinstimmung ist vielmehr so gross, Anordnung und Behandlung des Stoffes in beiden Werken so entschieden dieselbe, dass man wol oder übel dazu genöthigt wird, den Roman de Troie für Guidos Quelle anzusehen. Man müsste denn annehmen wollen, dass zu Guidos Zeit 3 gleichlautende Werke desselben Inhalts neben einander existirt hätten; d. h. Benoît übersetzte den grossen Dares ins Französische, der Italiener aber habe denselben — abgesehen von seinen kärglichen geschichtlichen und theologischen Excursen — einfach abgeschrieben. Dann wäre es nur wunderbar, warum sich Guido überhaupt dieser Arbeit unterzogen hat?

Aus diesen Ausführungen geht — hoff' ich — zur Genüge hervor, dass für Guido wenigstens „das Gespenst eines Griechischen oder vollständigeren Lateinischen Dares" in Wegfall zu kommen habe. Schon oben wurde auf einige Puncte hingewiesen, die selbst die Benutzung des Cornelius von Seiten Guidos sehr fraglich erscheinen lassen. Es sei hier noch auf einige Einzelheiten aufmerksam gemacht, die zu demselben Resultate hinführen. Die Fassung des Büchleins ist bekanntlich so knapp und dürftig, dass bei einem nach ihm gearbeiteten Werke Auslassungen und Missverständnisse kaum erklärlich sind; und doch hat Guidos Roman verschiedene Mängel in dieser Hinsicht aufzuweisen — fast stets ist ihm Benoît gleich fehlerhaft vorausgegangen. So weiss weder Benoît noch Guido, wo sich Priamus während der ersten Zerstörung Trojas aufhielt; letzterer referirt einfach nach B. 2855.

> En ost esteit loinz del païs
> Où sis peres l'avoit tramis.
> Un chastel avoit assegié...

Hic tempore casus patris non extitit apud Trojam (Priamus)... in remotis partibus quoddam castrum sibi rebelle diuturna obsidione concluserat. (Vergl. Dares 5, 18.) Oder: Als Paris nach Citharea kam „Castor et Pollux in Samestor civitate de eorum regno insimul morabantur"; ein Missverständniss, welches nicht möglich gewesen wäre, wenn Dares 20, 23 vorgelegen hätte; Benoît freilich schreibt 4221:

> A la cité d' Estrimestrée,
> Qui molt est sage et renomée
> Esteit lo jor Castor alez,
> Et Pollus sis freres ainz nez.

Hinwiederum hat Guido Auslassungen constatiren wollen, die im Texte des Cornelius nicht existiren. Er verspricht eine vollständige Beschreibung der Trojanischen Bundesgenossen „quod de regnis eorum licet Dares Phrygius nihil inde dixerit." (Vergl. Dares, cap. XVIII.) Nach dem Kampfe, an welchem Priamus selbst Theil genommen und mit erstaunlicher Tapferkeit den Tod seines Sohnes Hektor gerächt hat, bitten die Trojaner um Waffen-

stillstand „quarum indutiarum tempus in libro non invenitur ex-
pressum;" genau wie Benoît 17307

>...Que trieves querront vers Grezeis,
> Ne sé quanz anz ne quanz meis.

Cornelius aber schreibt 32,7 Palamedes indutias facit in annum.

Wenn man ferner in Erwägung zieht, dass die am Schlusse
von Guidos Werk reproducirten Worte des Dares-Cornelius nicht
unbedingt aus dem Werke selbst abgeschrieben sein müssen,
sondern sich ebenso gut in irgend einem andren Codex, vielleicht
von einem Dares-Kenner der Handschrift des Roman de Troie
hinzugefügt, finden konnten, so ist auch die Benutzung unseres
Dares von Seiten Guidos, wenn auch nicht entschieden zu ver-
neinen, doch in Folge der gravirenden Anzahl den obigen ähn-
licher Stellen stark zu bezweifeln.

Da somit eine Hypothese, Matthaeus de Porta habe dem
Guido für seine Geschichte Trojas das Buch des Dares zur Be-
arbeitung gegeben, nicht aufgestellt werden kann, so muss ein
andres Werk supponirt werden: Dies ist der Roman de Troie
des Benoît de Sainte-More. Liegt es doch sehr nahe zu glauben,
dass bei der damals ausserordentlichen Verbreitung und Pflege
der Provençalischen und Französischen Literatur in Italien dem
Matthaeus de Porta das Gedicht Benoîts bekannt war, und dass
er wünschte, sich und seinen Landsleuten den Genuss dieser wol-
geordneten und im Geschmacke der Zeit ausgeschmückten Darstellung durch eine gewandte Feder zugänglich zu machen. Wenn
diese Annahme weiterhin einen hohen Grad von Wahrscheinlichkeit erhält durch den Umstand, dass ein etwas jüngerer Zeit-
genosse Guidos, Binduccio dello Scelto, den Roman des Benoît
ins Italienische übertrug *), so wird sie zur Gewissheit erhoben
durch eine Vergleichung von Guidos Werke mit dem Französischen Gedichte. Es wird sich in den zum Beweise angeführten
Stellen zeigen, dass Guido, abgesehen von 2 in der Ordnung
des Materials vorgenommenen Umstellungen, die den gewandten

---

*) Mussafia; Sulle versioni italiane della storia trojana. Vienna
1871. Der hier gegebene Nachweis zeigt, dass auch Binduccio, wie
Guido, den Benoît nicht als Quelle anführte.

Schriftsteller erkennen lassen *), nichts als eine geschickte und wolgelungene Lateinische Ueberarbeitung von Benoîts Werke geliefert hat. Aus dem überreichen Materiale greife ich vor allen die interessante Schilderung der Vorkommnisse in Colchis und den Liebeshandel der Briseida heraus, da diese beiden Partien von besonderer Wichtigkeit sind; einmal weil ihre Quelle im erhaltenen Dares nicht zu finden ist, und dann weil sich gerade in ihnen, die ihrem Charakter nach zum grossen Theil vielleicht Benoîts Erfindung sind, am deutlichsten der peinliche Anschluss Guidos an sein Original kundgibt.

Jason und Medea.

Als die Argonauten von dem unhöflichen Laomedon des Landes verwiesen wurden, verliessen sie grollend das ungastliche Gestade und bald gelangten sie glücklich zur Insel Colcòs, dem Ziele der Fahrt. Gelandet schreiten sie reich geschmückt zu der schönen Hauptstadt, Jaconites, deren Umgebung im heiteren Grün der wild- und wasserreichen Parkanlagen prangt.

> B. 1145. Molt fu la cité bien fondée,
> E molt fu riche la contrée;
> De fruit, d'oisiax, et de poisson,
> I ot, ce sachez, grant foisson;
> Bele et riche ert Jaconites,
> Li reis avoit non Oetes,
> Assez avoit riche tenue,
> Quar molt ert bien l'isle vestue.

Ohne dem neugierigen Volke Beachtung zu schenken wendet sich die stolze Schaar der auserlesenen Helden zum königlichen Palaste des Oetes, der sie höchst ehrenvoll aufnimmt.

> B. 1161. A merveille les esgardèrent,
> Cil des rues et des soliers,

---

*) Guido bringt nicht erst nachträglich, wie Benoît und Dares, die Notiz, dass Philoktet der Führer der Argonauten gewesen sei. — Dares 13,5 und nach diesem Benoît 4753 etc. erzählen folgendermassen: Paris kommt mit seinem Raube nach Tenedon. Menelaus erfährt zu Pylon die Schreckensbotschaft und eilt nach Sparta. Zu Tenedon wird die Hochzeit des Paris gefeiert. Agamemnon begibt sich nach Sparta, seinen Bruder zu trösten. Guido dagegen bringt erst die Erzählung von den Troischen Angelegenheiten zu Ende, ehe er mit denen der Griechen beginnt.

Des fenestres et des planchiers.
Molt estoient en grant d'enquère
Dont il vienent, et de quel tere.
Mès il n● pristrent fin de ces,
De si qu'il vindrent al palès,
Où Oetes li reis esteit,
Qui un grant plet lo jor teneit.

Zum fröhlichen Mahle lässt Oetes seine Tochter Medea rufen, eine Jungfrau von wunderbarer Schönheit und erstaunlichem Wissen; „patri unica et sola futura heres in regno."

B. 1200. E si tramist por Medea,
C'ert une fille qu'il aveit,
Qui de molt grant bialté esteit,
Il n' aveit plus enfant ne eir.

Die Perle ihrer Künste soll, wie Ovid erzählt,*) die Nigroman-

---

*) Bei Guido und Benoît sind die Zauberkünste der Medea mit so grosser Uebereinstimmung aufgeführt, dass man zweifeln könnte, ob ersterer ausser B. auch Ovid benutzte. Sicher scheint mir jedoch hiernach, dass B. bereits Ovid kannte. — G. eifert gegen den fabulosum Sulmonensem, wol seinem geistlichen Mäcen zu Liebe, und beruft sich dabei auf Ptolemaeus Aegyptius summus philosophus in naturis und Dionysius Areopagita, der beim Tode Christi zu Athen ausrief: „Aut deus naturae patitur aut machina mundi dissolvetur!"

Die Art der künftigen Excurse Guidos zu charakterisiren sei hier eine Probe aus dem langen Capitel De idolatria gegeben, in dem Guido eine ziemliche Vertrautheit mit der theologischen Literatur documentirt. Das Capitel ist gegen den Orakelcultus der Alten und den Götzendienst gerichtet. Guido erklärt nach Isidor (Etymologiarum l. VIII, c. XI) die Abstammung des Teufels und unterstützt diese durch Citate einer Legenda beati Brandini, Worten Hiobs und Davids aus der Vulgata und folgendem Passus: Secundum tamen traditionem sacrarum scriptarum catholicae universalis ecclesiae ratum est, ut scripsit Beda, quod diabolus elegit tunc quendam serpentem de quodam genere serpentium virgineum habens vultum et motum ad loquendum linguam, ejus quid loqueretur nescientis sicut et adhuc quotidie loquitur diabolus per phanaticos et energuminos nescientes et per homines quorum corpora ab ipsis daemonibus sunt obsessa, ut de hoc scriptum est in libro historiarum scholasticarum circa principium ubi prosequitur autor historiam et expositionem libri genesis unde quicquid nobis catholicis per has sacras scripturas notum est certum esse quod ille Leviathan id est diabolorum princeps a culmine caelesti dejectus vel per se ipsum corporaliter factus serpens vel per serpentem ingressus est, ut callidis temptationibus suis miseros parentes nostros et successores eorum perpetuam dejecit in ruinam!

tik gewesen sein. Prächtig geschmückt betritt Medea den Saal und erröthend setzt sie sich auf des Vaters Geheiss zu Jason. Der männlich schöne Fremdling nimmt sofort ihr unerfahrenes Herz ein.

„Existente enim Medea inter regem patrem et Jasonem licet multo esset rubore perfusa, tamen temperare non potuit suorum acies oculorum, quin cum poterat eorum intuitum versus Jasonem dulcibus aspectibus retorqueret sic ejus faciem et circumstantias faciei, flavos crines, corpus et membra corporis intentis imaginationibus contemplando, quod repente in concupiscentia ejus exarsit et ferventis amoris in animo secum recepit ardorem."

B. 1250. Ne poeit pas à nesun fuer
Tenir ses ielz, se a li non.
Molt esteit de gente façon:
La forme esgarde de son cors,
Chevelz recercelez et sors,
Et a bialx ielz, et bele face,
M'ait Dex, or criem que trop li
place,
Bele boche a, et dolz regarz,
Biau menton, biau cors et biax
bras,
Large ot et grant l'afforchéure,
Si a molt simple parléure,
Sages est de molt grant manière
Sovent l'esgarde enmi la chière
Molt i a Medea ses ielz,
Dolz frans, et simples sanz orguilz,
Molt le remire dolcement:
Sis cuers de fin amor esprent.

Eine lange Woche schleicht dahin, in der Medea alle Leiden heimlicher Liebe durchkostet.

B. 1279. Issi souffri à molt grant peine;
Toz les set jorz de la semaine,
N'ot bien, ne repoz, ne solaz.

Am Ende derselben wird ihr endlich, wieder durch Veranstaltung des Vaters, die ersehnte Gelegenheit, mit Jason zu sprechen. Da sie ihn nicht bewegen kann, von seinem gefährlichen Vorhaben abzustehen, verspricht sie ihm ihren Beistand unter der Bedingung, dass er sie als Gattin in sein Heimatland führe. Nachdem Jason dies zugesagt, bescheidet sie ihn für die Nacht zu sich, um ihn den Eid der Treue schwören zu lassen und ihn auszurüsten mit den schützenden Zaubermitteln.

„Amice Jason, non reputet tua nobilitas inhonestum nec vitio femineae dissolutionis asscribat, si forte tecum velut ignota conferre praesumo et me inhonesta intentione ad tui notitiam provocare. Di-

B. 1301. Vassal ne tenez mie
A mavestié n'à legerie
Se à vos me voil acointier:
Il ne vos deit pas ennoier.
Dreiz est et bien, ço m'est avis,
Qui veit home d'altre païs

gnum est equidem, ut extraneo nobili et negotioso salutis consilium
tribuatur a nobili!

Que le parolt et aresont
Et que léal conseil li dont!

Auch die Einladung zu dem Rendezvous ist bei beiden in
derselben Form gehalten; doch zeigen die Worte des Franzosen
höhere Anmuth und mehr Decenz, als die des Guido, der bei
solchen Gelegenheiten stets seine Verachtung des weiblichen Ge-
schlechtes documentiren zu müssen glaubt.

„Peto igitur per te quaecumque
dixisti tuo sacramento firmari. Sed
cum ad praesens se nobis locus
habilis non praesentet differendum
hoc puto, dum operiatur terra noctis caligine, quae ad committen-
dum occulta se praebet desideran-
tibus habilem et a scientia homi-
num multos excusat; et ea igitur
nobis commode se praebente per
mei secretarii nuntium requisitus
ad meam cameram tutus accedes,
in qua securam me facies de prae-
missis per sacramenta deorum; nam
et me assecuratam hoc modo dein-
ceps habere poteris sicut tuam et
ibi de tuorum factorum processibus
et ipsorum executione finali per me
plenius instrueris.“ Cui Jason statim hujus compendii breviloquio sic
conclusit: „Nobilissima domina, sicut dicitis fiat vobis et mihi!“

B. 1433.

Biax amis chiers, plus ne demant;
Gie vei alques vostre semblant,
Ço remendra, jusque ne veis
Que ce sera cochiez li reis.
A ma chambre vendrez toz sous,
Ja compaignon n'aureiz o vous;
Là me ferez cel seurance,
Que puis n'aie de vos dotance;
Puis vos dirai com fetement
Porreiz les buos et le serpent
Veintre, et danter, et justicier,
Que n'i auroiz nul enconbrier.“
„Ma dolce amie, issi l'otréi;
Mès, se vos plest, venez por mei,
Car ne sauroie quant lever,
Ne en quel leu devroie aler.“
„Biax dolz amis, ço iert bien fait.“

Der Abend kommt; Medea harrt mit der Ungeduld eines
liebenden Mädchens auf die Stunde, da sie den Geliebten zu sich
rufen kann.

Longae igitur exspectationis velut
impatiens nunc huc nunc illuc fertur
per cameram inquieta, nunc ad ejus
se dirigit hostium exploratura, si forte vigilantes ineant de dormitione
tractatum, nunc conversas valvas
aperit fenestrarum inspectura per
illas, quantus effluxerit de ea nocte
decursus.

B. 1471.

· A l'uis des chanbres vet oir
S'unquor parolent de dormir.
Ilec escote, ilec s'estait,
Ne volt tenir conte ne plait.
„Unt il juré qu'il veilleront
Ou oimès ne se cocheront?
Qui vit mès gent ne se cochast?
Qui vit mès gent qui tant veillast?“

— — — — — — —

1500. Si vait ovrir une fenestre,
Vit la lune qui fu levée.
Adonc il fu s'amors doblée:
„Desor, fet elle, est il ennuiz!
Passez est ja la mie nuiz."
Clot la fenestre, si s'en torne,
Iriément, pensive et morne.

Jason wird von einer treuen Dienerin (quaedam anus sibi domestica et nimium astuta, B. Une soe mestre apela, Tot son conseil li a géhi, Qu'ele se fiot molt en lui) zum Gemache der Medea geführt; bei G. tritt die Jungfrau dem kommenden mit freundlichem Grusse entgegen, während sie sich bei B. schlafend stellt und dann, gleichsam durch Jasons Nahen geweckt, den Säumigen mit süssen Schmeichelworten ausschilt. — Guido erachtete es offenbar für überflüssig, diesen kleinen aber um so schöneren Zug echter Weiblichkeit aufzunehmen. — Als darauf Jason bei einem Bilde des Jupiter Treue gelobt, überlassen sich beide der Liebe, bis der helle Morgenstern den Helden an die bevorstehenden Kämpfe mahnt.*)

B. 1636. Et quant vint al ajornement,   .
„Dame, fet il, ne tardera
Gaires, que il ajornera,
Ni porrai mès gaires ester,
Que il ne m'en estoisse aler....

Medea gibt nun dem Geliebten 5 Zaubermittel, über deren Gebrauch sie ihn ausführlich belehrt. 1. Imago quaedam argentea, quae adversus incantationes jam factas est valde potissima. 2. Unguentum quod adversus flammas valde praevalet. 3. Annulus in quo talis virtutis lapis inclusus erat, ut quaecunque venena corriperet; ut si quis hunc lapidem clausum gereret in pugillo ita quod lapis ipse gerentis carni fortiter inhaereret invisibilis statim fieret. 4. Scriptum quoddam de quo Medea

---

*) Hier fügt Guido folgende kurze Notiz über das fernere Schicksal der beiden Liebenden bei: „Sane te (Jasonem) inverecundum demum decepisse Medeam narrat historia, sed hoc processit ex tua deceptione flagitium, ut ejusdem historiae series non obmittit, quod in tui poenam perjurii et in odium fidei ruptae tuae diis ingerentibus vitam tuam turpi casu diceris finivisse; de qua hic plura ad praesens referri obmittitur pro eo quod praesentis tractatus materiam non contingit." Dieselben Worte finden sich bei Benoit 1621—28.

Jasonem satis diligenter ammonuit, ut quum primum ad vellus aureum perveniret saltem ter legeret scriptum illud. 5. Filia liquore mirabili plena de qua illum instruxit, ut quum perveniret ad boves liquorem illum in eorum ora perfunderet. — Genau so wird Jason bei Benoît ausgerüstet, 1645—1710; Ovid nach dessen VII. Buch der Metamorphosen diese Partie ursprünglich gearbeitet ist, hat nichts von all diesen Einzelheiten. — Hierauf verlässt der Held die Medea und hält in seiner Kammer noch kurze Rast.

.... et data Jasoni licentia recedendi ante diei comminantis lucis adventum Jason in decretam sibi cameram furtivis passibus se recepit.

B. 1749.
Entre ses bras soef la prent,
C. feiz la beise dolcement,
Puis a de lie son congié pris;
Si s'est arrière en son lit mis.

Vergeblich bemüht sich auch Oetes, Jason von dem kühnen Unternehmen abzuhalten; muthig fährt dieser zur Insel, auf der die Kämpfe zu bestehen sind.

Diese Insel ist eine Schöpfung des Dichters Benoît, und Guido folgt diesem, obgleich er Ovids Vers
Conveniunt populi sacrum Mavortis in arvum
kennen musste:

Erat autem juxta insulam Colcos quaedam modica insula modico freto distans, in qua praedictum aureum vellus erat in custodia criminis jam narrati....

1791. Ilec li convient à passer,
Ou voille ou non un bras de mer;
Mès estreiz ert, ne dure mie
Gaires plus de lieue et demie.
De l'altre part est li isliax
Non mie grant, mès molt est biax.
Dit li ont, qu'ilec trovera
Ço qu'il quiert, et où il va.

Medea hat in sorgender Liebe einen Thurm bestiegen und verfolgt von da aus jeden Schritt Jasons mit ängstlicher Aufmerksamkeit, sie bricht in Thränen aus und betet laut zu den Göttern, dass sie den Geliebten beschützen mögen.

Quem ut vidit arma sumpsisse et meticulosum ut putat accinctum ad iter fluviales prorupit in lacrimas quibus signa produntur amoris, nec valens obtemperare singultibus atque verbis in has voces tenues ora sua lacrimis irrigata circumfluis lanquida sonoritate resolvit....

1843. Medea fu en une tor:
Vit le, si mua la color,
Des ielz plore, nel puot muer,
Quant vit celi enmi la mer;
Belement dist entre ses denz....

Dass Guido sich wenig nach Ovid gerichtet, sondern ausschliesslich Benoît gefolgt ist, beweisen ausserdem zwei andere Stellen dieser Episode. Betreffs des Kampfes mit den Erdensöhnen sagt Ovid:

> Ille gravem medios silicem jaculatus in hostes
> A se depulsum Martem convertit in ipsos.
> Terrigenae pereunt per mutua vulnera fratres,
> Civilique cadunt acie.

Guido erzählt folgendermassen: Dumque ex tali segete milites prodeunt confestim ad arma surgentes et irruentes protinus in se ipsos letiferis vulneribus se impugnant....

Ebenso Benoît 1491.

> Maneis en sont chevalier nc
> De lor armes bien adoubé.
> En eslepas se corent sore,
> Entrocis se sont en poi d'ore.

Die beiden Bearbeiter Ovids wissen also übereinstimmend nichts von der List, welche die Eingeborenen zum gegenseitigen Morde verleitet; dagegen schildern beide mit grosser Ausführlichkeit und völliger Concordanz den Ovid erweiternd die Freude der Medea über den glücklichen Ausgang des Kampfes.

Medea vero gratis exhilarata successibus visura Jasonem demum accedit, cui si licuisset in aspectu multorum multa per oscula blandimenta dedisset, et rege mandante juxta Jasonem quasi pudibunda consedit. Quem Medea tenui sono vocis furtivis verbis alloquitur, ut ad eam veniente noctis umbraculo securus accedat; quod Jason se desiderabiliter impleturum respondit.

B. 1989. Quant Jason al palès entra
Encontre lui vint Medea,
V. C. féiées le besast
Molt volontiers, se ele osast.
Parmi les flans l'a enbracié,
Soavet li a conseillié,
Que la nuit vienge à lie parler,
Quant il ert leus, sans demorer.
„Dames, certes molt lo desire,
De tot ferai vostre pleisir.“

Während dieses zweiten Stilldicheins wird von den beiden auch die Flucht verabredet, die nach einem monatlichen Aufenthalte ins Werk gesetzt wird.

Hervorzuheben ist noch, dass Guido auch hier seine reflectirenden Bemerkungen über die Unvorsichtigkeit der Medea sowie die kurze Erwähnung des ferneren Schicksales der beiden Liebenden dem Benoît entlehnt hat.

Indem ich nun die Erzählung von der ersten Zerstörung Trojas, dem Raube der Helena sowie die weitläufigen Schilde-

rungen der ersten Kämpfe vor der Stadt des Priamus übergehe,
obwol aus diesem reichlichen Materiale sehr viele beweiskräftige
Stellen entnommen werden könnten, wende ich mich zu dem
39. Capitel des Guido, in welchem der Knoten zu einer zweiten
Liebesgeschichte geschürzt wird, die höchst anmuthig hier und
dort die ermüdenden und trockenen Kampfesberichte unterbricht.

Briseida.

Nach einer heissen Schlacht, in der Antenor gefangen wor-
den, wird ein dreimonatlicher Waffenstillstand abgeschlossen.*)
Antenor wird gegen den von den Trojanern in einem früheren
Treffen gefangenen Thoas ausgetauscht. (B. 12945—12951.)

Als Hector während der Ruhetage das Griechische Lager
besucht, wird er von Achill ehrenvoll aufgenommen und ritter-
lich bewirthet. Letzterer trauert noch um seinen liebsten Freund
Patroklos, um dessen willen er dem Hektor baldigen Tod durch
seine Hand androht. Lachend bietet Hektor dem streitlustigen
Ritter einen Zweikampf an, der nur durch die Einsprache aller
Griechischen und Troischen Herren verhindert wird. (B. 13049
bis 13234.)

Der Waffenstillstand bringt in Troja nicht allen Ruhe und
Freude; Calcas hat durch Agamemnon um seine Tochter Briseida
bitten lassen, ohne zu wissen, dass er so zwei liebende Herzen
mit dem bittern Schmerze der Trennung beschwert.

Klagend und unter Thränen einander ewige Treue schwörend
verbringen Troilus und Briseida die Tage, bis die Griechische
Gesandtschaft kommt des Calcas Tochter zum Vater zu geleiten.
Da Briseidas Führer, Diomedes, die betrübte Jungfrau zu trösten
sucht und derselben, verführt durch ihre liebliche Anmuth, noch

---

*) „Sequenti vero die Graeci Diomedem et Ulyssem ad·regem
Priamum transmisere legatos, ut˙treuga firmata trium mensium per
regem Priamum indutiae largirentur; his autem legatis obviavit
Dolon . . . .“
Ebenso B. 12758.
<blockquote>
Trièves volon tenir et pès
Deus meis ou treis se il le volent,
Por entorrer les morz qui olent.
</blockquote>
Dares 27, 24 berichtet von längerem Waffenstillstand „....ut indutias
in triennium peterent.“

auf dem Wege einen Liebesantrag macht, wird die Erinnerung
an den treuen Troilus durch den neuen Liebeshandel bald ver-
drängt. Die kokette Trojanerin lächelt sogar dem stattlichen
Helden Gewährung zu, als Diomed ihr heimlich einen Hand-
schuh entwendet.

.... nulla spes est re vera tam
fallax quam ea quae residet in mu-
liebribus et procedit ab eis!

B. 13408. S'el a or doel, el raura joie
De tel qui ainz ne la vit jor:
Tost i aura torné s'amor,
Tost resera reconfortée.
Feme n'iert ja trop esgarée
Por ce qu'ele truist où choisir,
Poi durent puis li suen sospir.

Diomedes unam de cirothecis quam
Briseida gerebat in manu ab ea nullo
percipiente furtive subtraxit; sed
cum ipsa sola persenserit placitum
furtum dissimulavit amantis.

B. 13673. Un de ses ganz li a toleit
Que nus nel seit ne aperceit.
Molt s'en fait liez n'aperceit mie
Que ele en seit de riens marrie,

Und die eifrigen Bemühungen des Diomedes bleiben nicht
ohne Erfolg:

.... jam nobilis Troili amor coepit
in sua mente tepescere. Quid est
ergo quod dicatur de constantia mu-
lierum, quarum sexus proprium in
se habet, ut repentina fragilitate
earum proposita dissolvantur et hora
brevissima mutabiliter variantur!

B. 13821.
Or li vait mielz qu'el ne quidot,
Car sovent oit ço que li plot.
Anceis venist le quart seir,
N'ot el corage, ne voleir
De retorner en la cité:
Son corage est molt tost mué,
Poi veritable et poi estable,
Molt sont li cuer vain et muable,
Por tel conperent li leial,
Sovent en traient peine et mal.

Im neu entbrannten Kampfe gerathen Diomed und Troilus
an einander; der Grieche wirft seinen Rivalen aus dem Sattel
und lässt, noch ehe sich jener erheben konnte, dessen Ross als
aufmerksamer Liebhaber der Briseida zuführen, die ihm dafür
Dank und Gruss entbietet. (B. nennt auch den Boten „Li fils
Carin de Pièrelée.") In der Zeit eines sechsmonatlichen Waffen-
stillstandes werden beiderseits die Gefallenen bestattet, die Verwundeten geheilt.*) Diomedes empfindet in dieser schlaffen
Friedenszeit nur um so lebhafter der Liebe Freud' und Leid.

*) Dies geschieht in der Aula pulchritudinis, für deren Schilderung
Benoits Chambre de bialté v. 14553—14886 vorgelegen hat.

Diomedes vero qui totus erat in amore Briseidae calescens, quid faciat ignorat et ejus animus ut moris est amatorum desiderantium amatrices eorum quas habere non possunt diversis funditur in curis, cibo et potu male vesci desiderat. Sed illa quae multum vigebat sagacitatis astutia spem Diomedis sagacibus machinationibus differe procurat, ut ipsum afflictum amoris incendio magis affligat!

B. 15099.

La dameisele est molt hetiée,
Et molt se fet joiose et liée,
De ço qu'il est si en ses laz.
La destre manche de son braz
Bon et fresche de ciclaton
Li done en leu de gonfanon.
Desor puet saveir Troylus
Que ja mar s' i atendra plus;
Devers li est l'amors casée,
Qui molt fu puis conparée.

Langathmige Berichte von Einzelkämpfen, der Bestattung des meuchlings ermordeten Hektor (B. 16584—16810), die Beschreibung von der Transportation des gefallenen Perserkönigs in sein Vaterland. (B. 17333—17377), der Liebesgeschichte des Achill etc. drängen den kleinen Liebesroman für einige Zeit zurück. Nach dem Tode Hektors und seines tapferen Bruders Deiphobus zeichnet sich Troilus durch ausserordentliche Thaten aus.

Den durch Troilus schwer verwundeten Diomedes pflegt Briseida und da sie einsieht, dass die Hoffnung auf jemalige Vereinigung mit ihrem früheren Liebhaber immer aussichtsloser wird, so beschliesst sie, ihr kaum noch schwankendes Herz zu Gunsten des Griechen entscheiden zu lassen „Diomedem absolute facere velle suum."

B. 20307. Puisque si est, gie n'en sai plus:
Dex donge bien à Troylus!
Quant nel puis amer, ne il .mei,
A cestui me done et otrei. —
Mes or m'estuot à ço torner
Et mon corage et mon penser,
Voille ou ne voille desormès,
Confetement Diomedes
Seit d'amors à mei entendanz,
Si qu'il en seit liez et joianz,
Et gie de lui, puisque si est.

So schliesst Benoît diese Episode ab; auch bei Guido findet sich keine Erweiterung derselben. Aus der Vergleichung geht zur Genüge hervor, dass Guido dem ihm in dem Französischen Gedichte vorliegenden Material kein einziges neues Moment hinzugefügt hat, sondern alle Einzelheiten, selbst die von Cholevius gerühmten Reflexionen, dem Benoît entlehnte, dessen Werk er in breitester Form, zuweilen in trivialen Wendungen Lateinisch reproducirte. Dies zu beweisen seien noch einige eclatante Beispiele aus den Schlusscapiteln herangezogen, in denen Guido, angeblich nach Dictys, Trojas Zerstörung und die Heimkehr der Helden erzählt. Diese Capitel hat Guido offenbar sehr flüchtig niedergeschrieben; augenscheinlich aus dem in seinem (p. 9 cit.) Epiloge angegebenen Grunde. Die Verstümmelung der Namen ist ärger als sonst, die an früheren Stellen zu lobende Disposition ist ausser Acht gelassen, und selbst ein grobes Missverständniss seiner Vorlage hat sich der Correctur des im übrigen so gewandten Uebersetzers entziehen können.

Antenor, durch die Umtriebe des Aeneas von Troja vertrieben, kommt zum Könige O e t i d e s, welcher ihn freundlich aufnimmt; in der neugegründeten Stadt C o r c h i r e   M e n a l o n suchen die meisten Trojaner ihre Zuflucht. (Vergl. Dictys V, 17. Edidit F. Meister, Lipsiae 1872.)

Die Söhne des — nach Benoît zweimal gestorbenen — Ajax E a n i c i d e s de matre Eanca und A n t i s s a c u s de regina Ethimissa werden dem Teucer übergeben. (Vergl. Dictys V, 16.)

Agamemnon kehrt wol glücklich in die Heimat zurück, wird aber des Nachts von dem Buhlen seines Weibes im Bette ermordet.

.... licet Aegisthus regiae non esset originis nec ducis nec comitis nobilitate decorus.	Car Climestra ot aamé Un vassal riche, renomé, Qui n'esteit reis, ne quens, ne dus; Apelez esteit Egistus.

Als Orestes herangewachsen, beschliesst er seinen Vater zu rächen; er begibt sich zunächst nach T r o i s e n, dessen König F o r e n s e s mit ihm gemeinsame Sache macht, weil er sich durch die Verstossung seiner Tochter von Aegisthus beleidigt fühlt.

> A Trofion, cité vaillant,
> Vindrent, si com gie truis lisant.
> Florentes aveit non li sire
> De la contrée et de l'enpire.
> Cist haï de mort Egistum ....

Orestes besiegt seine Gegner und bestraft das ehebrecherische Paar auf schreckliche Weise.

Sequenti vero die Orestes mandavit Clytemestram matrem suam
ligatis manibus nudam adduci, contra
quam Orestes nudato ense illico
irruit et ubera ejus ab ejus pectore
propriis manibus extirpavit et in
multis ictibus ensium interfecit ean-
dem. Quam interfectam et nudam
extra civitatem per terram trahi
mandavit et canibus et volucribus
eam statuit devorandam....
Aegisthum vero nudum per totam
civitatem tractum furca suspendi
mandavit.

Orestes a sa mere prise,
Et si n' i ot altre devise;
Mès il méismes, à ses mains,
Veiant les ielz as citaains,
Les mameles li traist del cors;
Esrachier li fist totes fors,
Loinz de la ville, ès quarrefors,
Ço me raconte li auctors,
La fist mangier trestote à chiens ..

Pris et lié fu Egistus;
Veiant M. chevalier et plus,
Le fist Orestes traïner
Toz nuz sanz braie et sanz soller
Par les rues de la cité.
Enprès l'ont à forches levé.

Das Schicksal des Odysseus wird ziemlich zusammenhangslos
in verschiedenen Capiteln, zwischen die sich andre, von den
Thaten des Pyrrhus handelnd, eindrängen, erzählt; es sind dieselben Sprünge in der Erzählung wie bei Benoît. Nach langen
Irrfahrten

....in portum qui dicitur Caloto-
phagos salvus perveni.

Qu' à Lotofagos pris puis port,
La ne me fist len mal ne tort.

soll Odysseus zu Antenor gekommen sein, von dem er gast-
freundlich aufgenommen worden; dessen Tochter Nausica habe
später Telemachus geheirathet! (Vergl. Dictys VI, 6.)

Schliesslich berichtet Guido noch von der ehrenvollen Behandlung, die Telegonus trotz des Vatermordes bei Telemachus
findet; wie ersterer von seinem Halbbruder zum Ritter geschlagen
wurde und dann, in Frieden scheidend, zu seiner sehnlichst nach
ihm verlangenden Mutter zurückkehrte. — Auch dieser ganze
Schluss sammt den Angaben über die Lebenszeit der Söhne des
Odysseus, wovon sich bei Dictys keine Spur findet, ist aus Benoît
übertragen.

Nachdem ich durch diese Beispiele hoffe hinlänglich bewiesen
zu haben, dass Guidos Werk gleich dem des Binduccio dello
Scelto eine Uebersetzung des Roman de Troie sei und mit Aus-
nahme der kurzen gelehrten Excurse keinen einzigen selbst-
ständigen Gedanken aufzuweisen habe, widme ich noch einige

kurze Betrachtungen den Arbeiten, welche durch Guido ins
Leben gerufen wurden.*)

Die Historia destructionis Trojae des Guido vereinigte in
sich manche Vorzüge, die es berechtigt erscheinen lassen, dass
sie im Mittelalter viel gelesen und von den meisten Bearbeitern
jener Sagen benutzt wurde. Die ausserordentliche Beliebtheit
eines aesthetisch doch höchst unbedeutenden Werkes kann natür-
lich nur in äusseren Umständen begründet sein: Guido ver-
arbeitete den in Benoîts Roman de Troie vorliegenden Stoff
prosaisch, allerdings mit grossem Geschick, und in breitester
Ausführlichkeit; dazu in der Lateinischen Sprache, so dass jede
Nation beliebig aus dieser grossen Schatzkammer romantischer
Dichtung schöpfen konnte.

Wie gross das Interesse für diesen Stoff gewesen und welch'
hervorragender Bedeutung sich Guidos Werk erfreute, beweisen
am besten die zahlreichen, schon früh gedruckten, ja meist wiederholt aufgelegten Uebersetzungen und Bearbeitungen desselben.

Da es nicht möglich ist näher auf diese Arbeiten einzugehen, — sowol in Folge der Unzugänglichkeit des Materials
und zudem dieser Schritt ausserhalb des Zieles meiner Arbeit
läge — beschränke ich mich darauf, dieselben kurz anzuführen
und werde nur den Filostrato, für welchen Guido dem Boccaccio
zur Quelle gedient haben soll, einer speciellen Prüfung unterwerfen.

Aus nahe liegenden Gründen tritt zuerst Italien, des Dichters Heimatland, mit derartigen Leistungen auf; und zwar
finden sich dort drei Versionen des Guido. Die erste stammt
aus dem Jahre 1324 von dem Florentiner Filippo Ceffi; schon
neun Jahre später ist eine neue vorhanden: Storia di Guido
recata in volgare per ser Matteo di ser Joanni Bellebuoni da
Pistoja, fatto li anni 1333; und endlich ist noch zu erwähnen
eine anonyme Arbeit, welche Mussafia als einen „volgarizza-
mento fatto da uomo inetto" bezeichnet.

In Frankreich findet sich keine Uebersetzung, wol aber
mehrfache Verarbeitung von Guidos Werk. Sowol Jacques

---

*) Vergl. Mussafia; l. c. Brunet; Manuel du libraire. Paris 1860.
Dunlop; Geschichte der Prosadichtungen, übersetzt von A. Liebrecht.
H. Dunger; l. c. Grässe; Die grossen Sagenkreise des Mittelalters.
Dresden 1842.

Milet als auch Raoul de Fevre folgten ihm in ihren Dichtungen,
der erstere verfasste 1450 ein Mysterium „Destruction de Troye
la grant", und der letztere schrieb auf Wunsch seines Herrn,
Philipp des Guten von Burgund, den Recueil des histoires
troyennes im Jahre 1464. Die Annahme Grässes, dass Raoul
de Fevre seinen Roman de Jason et Medée nach einer beson-
deren Historia Medeae et Jasonis des Guido gearbeitet habe,
beruht offenbar auf einem Irrthume; auch Montfaucon (Lat-
mss. bibl. Coislin. T. II) kann unter diesem Titel nichts an-
deres verstanden haben als die ausführliche Darstellung jener
Liebesgeschichte in der Historia destructionis Trojae. — Uebersetzungen finden sich wieder in England, Spanien, Deutschland,
Holland und Böhmen. Bekannter als die unter Heinrich VI.
in Octaven abgefasste Version ist das Troy-Boke des Mönches
John Lydgate, verfasst zwischen 1414—1420. Es wurde 1513
zum zweiten Male gedruckt, mit dem ausführlichen Titel: The
auncient history and only true and syncere cronicle of the
warres betwixte the Grecians and the Troyans and subsequently
of the first evercyon of the auncient and famouse cyte of Troye
under Laomedon the king and of the last and fynall destruc-
tyon of the same under Pryam: written by Daretus a Troyan
and Dictys a Grecian, both soldiers and present at and in all
the sayd warres and digested in Latyn by the learned Guydo
de Columpnis and sythes translated into Englyshe verse by
John Lydgate, monke of Bury, and newly imprinted London
1555. Indirect, nämlich durch Italienische und Französische
Vermittelung, hat Guido auch zur Abfassung zweier andrer
Englischer Werke beigetragen. Chaucer schöpfte den Stoff zu
seinem Gedichte von Troilus und Cressida aus einer Ueberarbeitung des Filostrato, und Shakespeare hat nach der von
W. Caxton 1471 geschriebenen Englischen Uebersetzung von
Fevres Recueil des histoires troyennes sein Drama Troilus und
Cressida gedichtet. In Spanischer Sprache existiren drei Ausga-
ben des Guido: Chronica troyana en que se contiene la total y la-
mentable destruycion de la nombrada Troya. Sevilla 1503;
Coronica troyana por Pedro Nunnez Delgada. Toleda 1512
und Cronica troyana traducida en castellane. Medina 1587.
Die Deutschen, welche sich an Guido anlehnten, sind Hans

3

Mair von Nördlingen, Heinrich von Braunschweig, Pseudo-Wolf-
ram von Eschenbach, David Förster, dessen sehr verständig
componirtes Werk 1612 zu Basel gedruckt wurde, und eine
anonyme Niedersächsische Uebertragung, deren Anfang ist: Hyr
begynth de inuoringe des bokes der historien van der versto-
ringe der stat Troye. Die Holländische Version hat zwei, die
Böhmische gar drei Auflagen erlebt; jene zuerst 1479 in Gonda
und dann zu Harlem 1485 mit dem Titel: Die Vergaderinge
der Historien von Troyen ghecompozeert en vergadert van den
eerbaren Man, Meester Roclof die smit. Priester en Capellaen
van myn zeer geduchtige Heere myn Heere den Hertoghe van
Bourgongen Philippus in 't jaar 1464. Haerlem 1485; die erste
Böhmische Uebersetzung stammt aus dem Jahre 1469; die
zweite ist betitelt: Poc zyna se przeduiluwa dospieleho muze
Gwidona z Columny z Messanske w kronyku Troyans kw w tato
slowa: Jakzkoli dawne wieczy etc. w Praze 1488 und die dritte
endet ihren weitläufigen Titel mit der Angabe: .... w nowe
pretistenj w Starem M. Prazskem 1603.

Wie schon angedeutet soll auch Boccaccio Guidos Werk
gekannt und aus demselben den Stoff zu seinem Filostrato entnommen haben. Es schien nicht ohne Interesse diese oft wieder-
holte Behauptung einer Prüfung zu unterwerfen. Dass Boccaccio
das Sujet zu diesem Gedichte nicht aus dem Studium der Ho-
merischen Werke sondern aus jener dem Mittelalter geläufigen
Dichtung über Briseida gewonnen habe, ist allgemein anerkannt;
es geht genugsam schon aus den ersten Worten seines Prooemium hervor, in denen er den Titel des Werkes folgendermassen
erklärt: Filostrato è il titolo di questo libro; e la cagione è,
perchè ottimamente si confà cotal nome con l'effetto del libro.
Filostrato tanto viene a dire, quanto uomo vinto ed abbattuto
da amore, come vedere si può che fu Troilo, dell' amore del
quale in questo libro si racconta; perciocchè egli fu da amore
vinto sì fortemente amando Griseida, e cotanto s'afflisse nella
sua partita, che poco mancò che morte non lo sorprendesse.

Ueber seine Quelle gibt Boccaccio in demselben Prooemium
nur sehr ungenügenden Aufschluss.*) Dasselbe ist an die Ge-

---

*) Im Gedichte selbst ist die Quelle gleichfalls nicht näher be-
zeichnet.

liebte — ohne Zweifel die vielbesungene Fiametta — gerichtet
und gibt die Veranlassung an, welche das Gedicht hervorrief.
Der Dichter beklagt sich über das freudlose Leben, welches er
getrennt von dem Gegenstande seiner Liebe führen müsse. Da
er fühle, dass dieser Schmerz ihm jede Lebensfreude störe, und
er fürchten müsse demselben, wenn er länger schweige, zu er-
liegen, so will er in einem Liede sein Leid aussingen und so in
würdigster Weise der fernen Freundin zeigen, wie er fort und
fort ihrer gedenke. Dann heisst es weiter: Nè prima tal pen-
siero nella mente mi venne, che il modo con esso subitamente
m'occorse; dal quale avvenimento, quasi da nascosa divinità spi-
rato, certissimo augurio presi di futura salute. E il modo fu
questo, di dovere in persona di alcuno passionato, siccome io
era e sono, cantando narrare i miei martirii. Meco adunque
con sollecita cura cominciai a rivolgere l'antiche storie, per
trovare cui potessi verisimilmente fare scudo del mio segreto e
amoroso dolore. Nè altro più atto nella mente mi venne a tal
bisogno, che il valoroso giovane Troilo, figliuolo di Priamo no-
bilissimo re di Troia, alla cui vita, in quanto per amore e per
la lontananza della sua donna fu doloroso, se fede alcuna alle
antiche storie si può dare, poichè Griseida da lui sommamente
amata fu al suo padre Calcas renduta, è stata la mia similis-
sima dopo la vostra partita. Per che della persona di lui e
da' suoi accidenti ottimamente presi forma alla mia intenzione,
e susseguentemente in leggiere rima, e nel mio fiorentino idioma,
con stile assai pietoso i suoi e miei dolori parimente composi . . . .
Aus diesen Worten lässt sich freilich kein bestimmtes Urtheil
über die Quelle, welche Boccaccio unter „l'antiche storie" ge-
meint hat, bilden; es kann darunter sowol Guido als Binduccio
zu verstehen sein, auf welch' letzteren vielleicht die Worte „e
nel mio fiorentino idioma" hinweisen könnten. Doch ist auch
die directe Benutzung Benoîts nicht ausgeschlossen, da Boccaccio
bekanntermassen mit den literarischen Productionen Frankreichs
vertraut war, wie er denn den Contes et Fabliaux verschiedene Novellen seines Decameron entlehnt hat.

Demnach lässt sich die Entstehung des Filostrato kaum
anders denken, als dass sich Boccaccio in der von ihm geschil-
derten Lage dessen erinnerte, was er in einem der drei genann-

ten Werke über das Schicksal des Troilus gelesen hatte und dass er diesen Stoff, erweitert durch seine dichterische Phantasie, in reichster poetischer Ausstattung reproducirte. Der Name Griseida scheint mir weniger willkürlich aus Briseida geändert als vielmehr auf die Bekanntschaft mit Homer zurückzuführen zu sein, dessen Chryseis dem Dichter vorschweben mochte, zumal er aus derselben Quelle die Briseis als Geliebte des Achill kannte.

Was Boccaccio aus der immerhin dürftigen Episode seiner Vorlage geschaffen — für die direct oder indirect so lange Benoit angesehen werden muss, als nicht auch für diesen ein Vorgänger, d. h. der ausführliche Dares nachgewiesen ist (Vergl. Anm. 1) — und welch' neue Momente seines Gedichtes befruchtend für die späteren Bearbeitungen dieses Stoffes gewesen sind, wird am besten eine kurze Inhaltsangabe des Filostrato zu zeigen im Stande sein.

Der Filostrato besteht aus neun Gesängen, abgefasst in dem Versmasse, mit dem Boccaccios Muse die Italienische Nation beschenkt hat, der Ottava rima. Während der Dichter in dem kurzen 9. Gesange sein Gedicht — welches nicht von den erwärmenden Strahlen glücklicher Liebe beschienen worden, sondern aus seinem Schmerze geboren sei — anredet und es glücklich preist, dass es in die Hände seiner fernen Gebieterin kommen werde, schildert er in den ersten acht Gesängen die langen Leiden und die kurze Freude, welche dem Troilus die Liebe zur Griseida gebracht.

1. Gesang. Troilus verliebt sich bei dem Feste der Pallas in die anmuthige Griseida, und weil er sich scheut, einen andren in sein süsses Geheimniss einzuweihen oder gar der Griseida offen seine Liebe zu gestehen, verjammert er in eitlen Liebesklagen viele Tage.

2. Gesang. Seinem Freunde Pandarus entdeckt er nach langem Zögern die Ursache seines Kummers. Nachdem dieser den Muthlosen durch Zusicherung seines Beistandes aufgerichtet, begibt er sich zu seiner Cousine Griseida, welcher er die heftige Leidenschaft des Troilus offenbart und sie durch Bitten und Schmeichelworte zur Gegenliebe zu bewegen sucht. Nach

einmaligem Briefwechsel lässt sie sich von dem drängenden zu einem Rendezvous bereden.

3. Gesang. Zweimal kommen die Liebenden in finstrer Nacht zusammen und geniessen den Wonnerausch der ersten Liebe. Dies holde Glück gibt dem Troilus seine Fröhlichkeit zurück; es begeistert ihn zu einem hohen Liede der Liebe und erfrischt seinen Muth, mit erhöhter Tapferkeit an den Kämpfen Theil zu nehmen.

4. Gesang. Der Seher Calcas, welcher zu den Griechen übergegangen ist, fordert bei dem Austausche der Gefangenen für den Antenor seine Tochter Griseida. Troilus wird durch den beifälligen Beschluss des Trojanischen Rathes aufs äusserste betrübt und nur mit grosser Mühe vermag ihn Pandarus zu trösten. Derselbe findet auch seine Cousine, die schon durch andere Frauen um diese traurige Kunde weiss, klagend in ihrem Gemache. Griseida lässt den Troilus um ein Stelldichein für die kommende Nacht bitten. Von Schmerz überwältigt fällt sie dem Geliebten ohnmächtig in die Arme. Schon will sich dieser verzweifelnd das Schwert in die Brust stossen, als sie erwacht und zitternd ihn bittet, das Schwert einzustecken. Auf des Troilus Vorschlag, mit ihm zu fliehen, geht Griseida aus Besorgniss für ihren Ruf nicht ein; dagegen verspricht sie, spätestens am 10. Tage nach Troja zurückzukehren.

5. Gesang. Griseida wird dem Griechischen Geleite, dessen Führer Diomedes ist, übergeben. Troilus begleitet sie ein grosses Stück des Weges und kehrt darauf traurig in das ihm öde erscheinende Troja zurück. Die andern feiern fröhliche Feste, er irrt klagend durch die Strassen; vor dem Hause der Geliebten ruft er sich all das Glück der vergangenen Tage ins Gedächtniss zurück. Lang erscheint ihm der Tag, ohne Ende die Nacht im Vergleich zu jenen, die ihm an Griseidas Seite so schnell vergingen.

6. Gesang. Griseida nimmt sich vor, obwol ihr der prächtigste Empfang zu Theil geworden, das dem Troilus gegebene Versprechen zu halten:

> Ma di sì alto e grande intendimento
> Toste la volse novello amadore!

Am vierten Tage stattet ihr Diomedes einen Besuch ab und erklärt ihr seine Liebe. Halb weist ihn die Trojanerin zurück, halb aber heisst sie ihn — schon fängt ihre Treue zu wanken an — in Hoffnung leben. Schwankend zwischen Schmerz um das verlorene Glück und der Aussicht auf das neue unterlässt Griseida die Rückkehr nach Troja.

7. Gesang. Troilus und Pandarus warten am 10. Tage vor dem Thore auf Griseida — sie kommt nicht. Dasselbe wiederholt sich mehrere Tage. Allen, welche ihn um den Grund seiner Bekümmerniss fragen, selbst dem Vater, gibt Troilus keine Antwort. Er träumt, dass ihm Griseida untreu geworden, und will sich desshalb erstechen. Mit Mühe nur kann ihn Pandarus davon abhalten. Da ein Brief an Griseida ohne Antwort bleibt, wird der Zweifelnde in seinem Verdachte bestärkt. Sein Bruder Deiphobus, welcher eines Tages sein Klagen um Griseida belauscht, verräth die Sache den anderen; alle haben Mitleid mit dem Unglücklichen, und namentlich die Frauen suchen ihn mit freundlichen Worten zu trösten. Nur Cassandra wirft ihm seine thörigte Leidenschaft zu der Tochter eines Priesters vor; gegen sie vertheidigt Troilus seine Geliebte mit beredten Worten.

8. Gesang. Troilus erinnert die Griseida durch Briefe und heimliche Boten an ihr Versprechen; allein sie hält ihn mit schönen Worten hin. An einer Spange, die er in schöneren Tagen der Geliebten geschenkt, und die jetzt Deiphobus dem Diomedes entrissen, erkennt Troilus, dass er betrogen ist. — Seinen wilden Schmerz möchte er gern im Blute seines glücklicheren Rivalen ersticken; doch das Geschick führt einen andren Ausgang herbei: Seinen Heldenthaten und zugleich seinen Leiden setzt der Tod von Achills Hand ein Ziel.

Vita.

Fr. C. Robertus Barth natus est octavo die ante Idus Octobres anni milesimi octingentesimi quinquagesimi tertii post Christum natum. Aetate puerili peracta celeberrimam Lipsiae scholam Nicolaitanam, cui tunc eruditissimus ille *J. H. Lipsius* rector praefuit, per sex annos frequentavit.

Testimonio maturitatis exornatus ad studium praecipue linguarum et artis educandi se contulit; quarum disciplinarum studioso Alma Saxoniae mater uberrimas suas atque utilissimas copias praebuit. Quot et quantas gratias illustrissimis et honoratissimis magistris — professoribus *Ebert, Wülcker, Ziller, Curtius, Delitzsch, Ebers, Lange, Masius, Ritschl, Voigt, Zarncke* — debeat narrare longum est: Omnium quorum doctrinis fructus est gratissimam memoriam retinebit!